¡Hola, autos de policía!

IO CITY
RADIO CITY
MUSIC HALL
NYPD

MARAVILLAS VEHÍCULOS 43

AUTOS DE POLICÍA

QUINN M. ARNOLD

CREATIVE EDUCATION | CREATIVE PAPERBACKS

¿POR QUÉ HAY TANTO TRÁFICO?

tabla de contenido

Publicado por Creative Education y Creative Paperbacks
P.O. Box 227, Mankato, Minnesota 56002
Creative Education y Creative Paperbacks
son sellos editoriales de The Creative Company
www.thecreativecompany.us

Diseño de Wyeth Morgan
Dirección artística de Blue Design (www.bluedes.com)

Imágenes de Dreamstime/Bartosz Budzianowski, portada (centro), Nerthuz, 3, 20–21, 10–11, Welcomia, portada (derecha), 16; Getty Images/halbergman, 18–19, kali9, 23, Roy Morsch, 6–7, RyanJLane, 17; iStock/Anton_Sokolov, 24, Jitalia17, 4, Onfokus, 14–15; Pexels/Candid Flaneur, 13, Nathan Stein, 8–9, Sandy Torchon, 1, Yura Forrat, 2; Unsplash/Del Nijiro, portada (izquierda)

Library of Congress Cataloging-in-Publication Data
Names: Arnold, Quinn M. author
Title: Autos de policía / by Quinn M. Arnold.
Other titles: Police cars. Spanish
Description: Mankato, Minnesota : Creative Education and Creative Paperbacks, [2026] | Series: Maravillas | Includes index. | Audience term: juvenile | Audience: Ages 4–7 Creative Education and Creative Paperbacks | Audience: Grades K–1 Creative Education and Creative Paperbacks | Summary: "An engine-revving introduction to police cars, this transportation book for beginning readers features eye-catching photographs, humorous captions, and basic facts about the safety patrol vehicles. This Spanish text includes a labeled vehicle guide, glossary, and index"– Provided by publisher.
Identifiers: LCCN 2024053432 (print) | LCCN 2024053433 (ebook) | ISBN 9798889898795 library binding | ISBN 9781682779194 paperback | ISBN 9798889899587 ebook
Subjects: LCSH: Police vehicles–Juvenile literature | CYAC: Police vehicles
Classification: LCC HV7936.V4 A7618 2026 (print) | LCC HV7936.V4 (ebook) | DDC 363.2/32–dc23/eng/20250203
LC record available at https://lccn.loc.gov/2024053432
LC ebook record available at https://lccn.loc.gov/2024053433

Impreso en la India

Los autos de policía **patrullan** los vecindarios. Llevan a los oficiales de policía a donde necesitan ir.

¡NUESTRO AUTO ES EL MEJOR!
BIKE ROUTE
POLICE
CITY OF ROCHELLE
05

Muchos autos de policía son blancos y negros. Otros son azules, grises, marrones o rojo oscuro.

Un auto de policía tiene muchas luces que parpadean.

¡Uuu-aaa-uuu-aaa! Su **sirena** suena.

LAS SIRENAS LES INDICAN A LAS PERSONAS QUE VIENE UN AUTO DE POLICÍA.
POLICE

Un oficial de policía lo conduce. Otro oficial puede acompañarlo. Se aseguran de que las personas estén seguras.

¿DONAS?
¡DONAS!
NYPD
POLICE
Ford
4561 18

LOS AUTOS DE POLICÍA PUEDEN IR MÁS RÁPIDO QUE OTROS AUTOS.

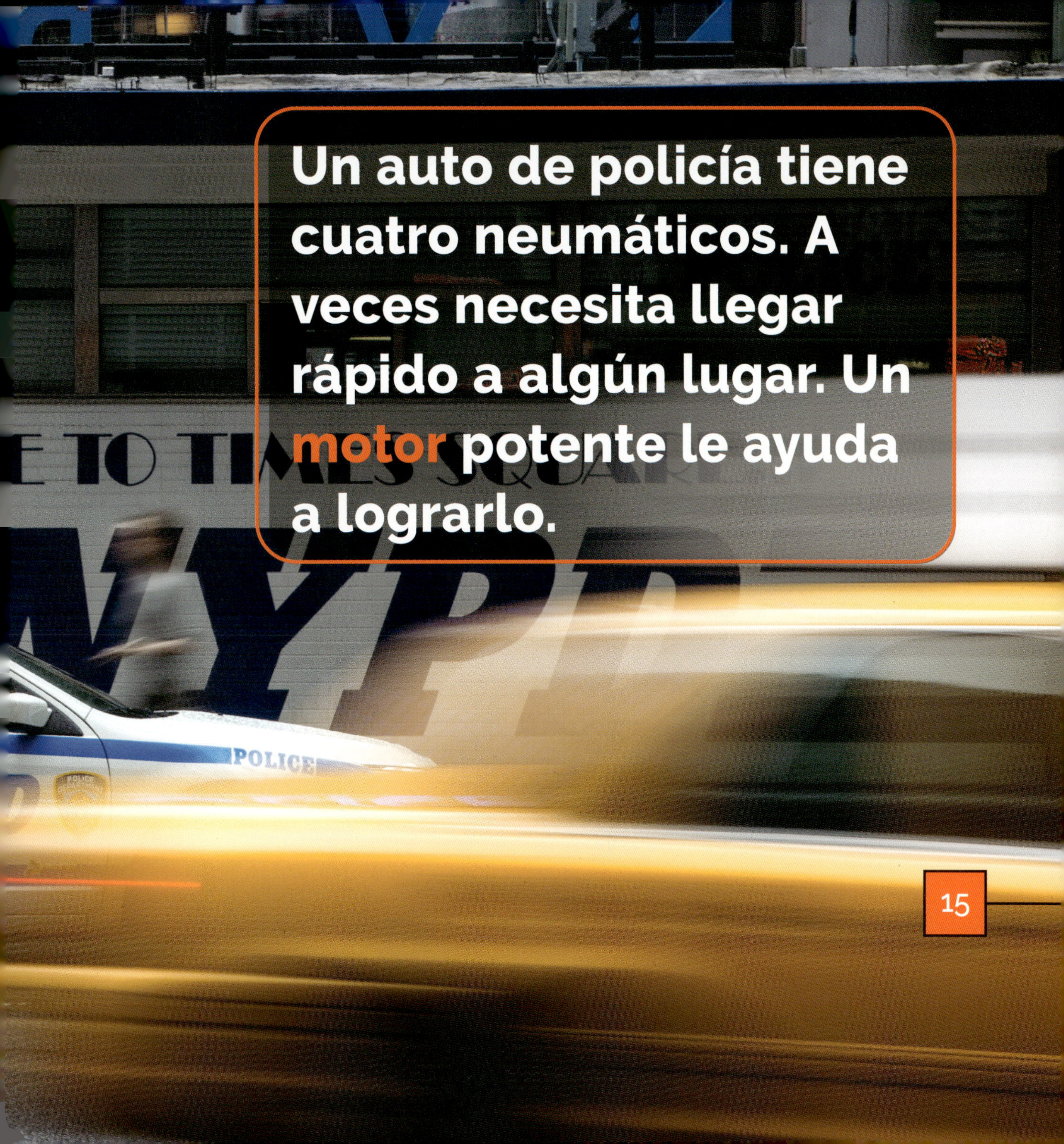

Un auto de policía tiene cuatro neumáticos. A veces necesita llegar rápido a algún lugar. Un **motor** potente le ayuda a lograrlo.

Los autos de policía salen a patrullar. Se detienen para ayudar a las persona. Mantienen seguras a las comunidades.

POLICE
DEPT

¡QUÉ HERMOSA NOCHE!
POLICE

¡Adiós, autos de policía!

[Imagina un auto de policía]

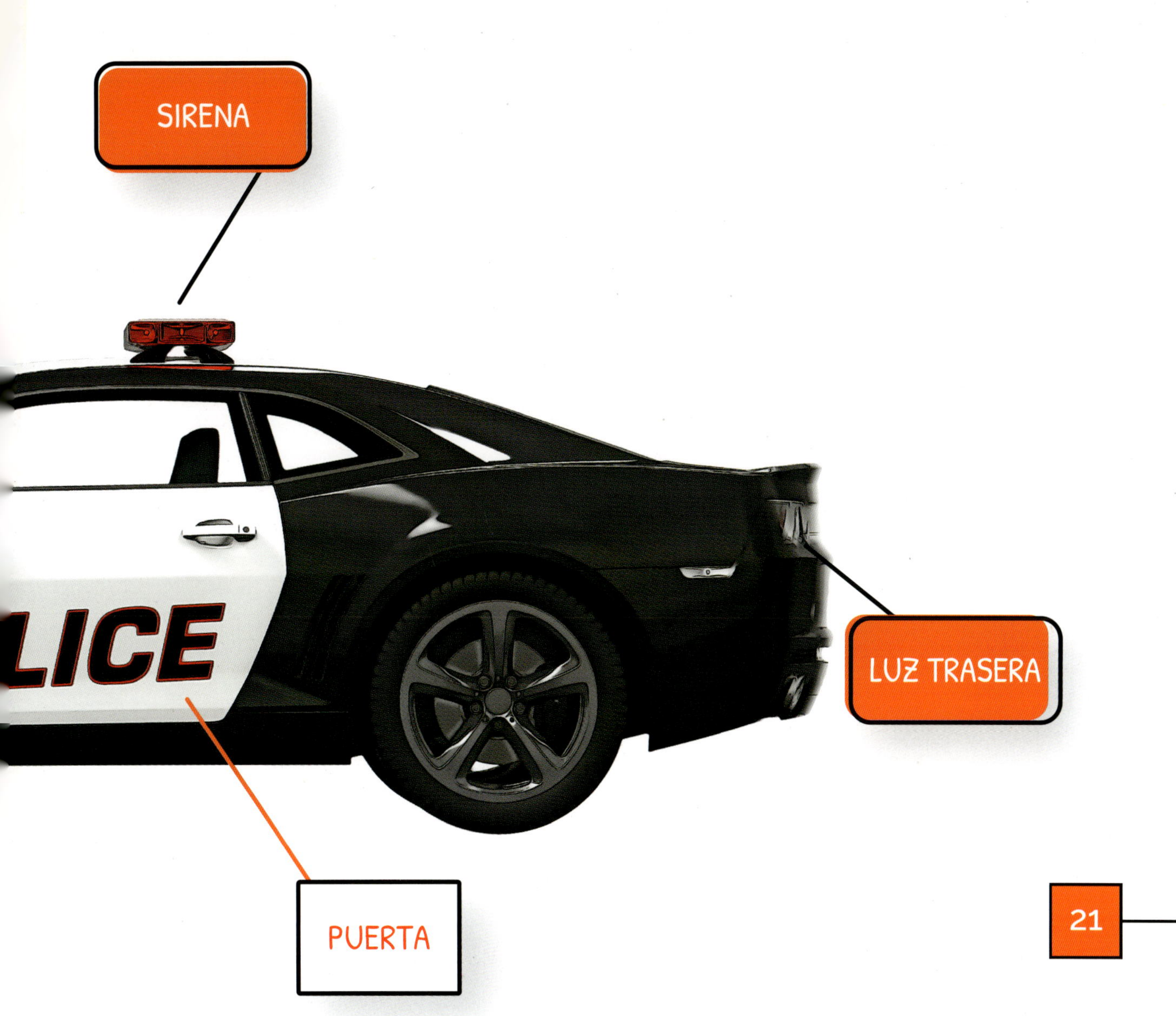
SIRENA
LICE
LUZ TRASERA
PUERTA

PALABRAS QUE DEBES CONOCER

motor: máquina que da energía y hace que algo se mueva

patrullar: mantener un área vigilada

sirena: objeto que emite ruidos fuertes como señal de que un vehículo de emergencia se aproxima

POLICE

ÍNDICE ALFABÉTICO